DER BLAUE AUTOBUS

Eine Geschichte von James Krüss
mit Bildern von Lisl Stich

CARLSEN

Was rumpelt da, was pumpelt da?
Was macht uns viel Verdruss?
Es rattert durch die Innenstadt
der blaue Autobus.

Was dröhnt und stöhnt er immerdar?
Und warum macht er tut?
Das liegt am Pudel Ottokar,
der bringt ihn so in Wut.

TUT
TUT
TUT
TUT
TUT
TUT
TUT
TUT
TUT
TUT
TUT

Der Ottokar, der Pfiffikus,
was macht der Pudel dort?
Er stellt sich vor den Autobus
und bellt in einem fort!

Der Fahrer dreht das Steuerrad.

Der Autobus weicht aus

und rast beim Tempo, das er hat,

beinahe in ein Haus.

Ein Schlachter, der vorm Hause steht,
verliert vor Angst den Speck,
und seine Tochter Annegret
wird kreidebleich vor Schreck.

Schlachterei v. Xaver Huber

Doch immer noch tobt Ottokar
vorm Autobus herum.
Dem Fahrer und der Kinderschar
wird es am Schluss zu dumm.

CIRCUS
CIRCUS

Sie fahren weiter durch die Stadt,
doch nicht mehr gar so schnell;
denn vorneweg hüpft Ottokar
mit grässlichem Gebell.

iRR

Was hat des Pudels Herr im Sinn?

Man fährt den Hund ja tot!

Ach, Herrchen ist beim Bäcker drin

und kauft ein halbes Brot!

Bäckerei

Wer ruft denn nur den Hund zurück?

Der ist ja nicht gescheit!

Da kommt der Herr zu seinem Glück.

Es war auch höchste Zeit!

BÄCKEREI

O Ottokar, o Ottokar,
du bist ein loser Strick!
Da hast du wirklich Glück gehabt
im letzten Augenblick!

Hab Dank, du blauer Autobus,

du hast den Hund geschont!

Du wirst dafür, Herr Autobus,

mit Diesel-Öl belohnt!

DIESEL
ÖL
DIESEL

Da rumpelt er und pumpelt er

und trinkt es mit Genuss,

sagt danke schön und freut sich sehr,

der blaue Autobus!